RÉSUMÉ
D'UN
COURS D'HYGIÈNE

Fait aux Élèves du Collège de Boulogne-sur-Mer

PAR

LE Dʳ Aᴅ. FILLIETTE

MEMBRE DU CONSEIL D'HYGIÈNE

BOULOGNE-SUR-MER
Typographie et Lithographie N. Berr
63, Rue Neuve-Chaussée, 63

1877

COURS

D'HYGIÈNE

Le cours d'hygiène dont voici le résumé comprend, et au-delà, toutes les matières qui figurent dans le programme relatif à l'enseignement de cette science dans les lycées.

Mais il m'a semblé que si l'on veut que ces leçons, qui s'adressent à des jeunes gens arrivés à la fin de leurs études universitaires, produisent les heureux résultats qu'on est en droit d'en attendre, il fallait faire plus que s'en tenir à de simples définitions, et à des notions tellement élémentaires qu'elles tombent dans la banalité.

Il me paraît impossible qu'il en soit autrement si le professeur se borne à consacrer à son cours six séances de une heure, ainsi que l'indique la circulaire ministérielle du 6 mai 1872.

J'ai dû porter ce nombre à treize, de façon à traiter chacun des chapitres avec les développements nécessaires pour que l'élève comprenne bien les déductions pratiques qui en découlent, et les données scientifiques qui lui servent de base.

Un mot encore sur cette publication.

Son but est bien modeste. C'est un *Memento* qui sert de canevas au professeur, et lui fournit la matière de leçons de une heure ; c'est un *Recueil de Notes* qui rappelle à l'auditeur la substance du cours auquel il a assisté.

Dr A. FILLIETTE.

Boulogne-sur-Mer, 11 Mars 1877.

COLLÈGE COMMUNAL DE BOULOGNE-SUR-MER

COURS D'HYGIÈNE

Chargé du Cours : **M. le Dr A. FILLIETTE**

1re LEÇON :
GÉNÉRALITÉS

De l'hygiène : C'est la science qui s'occupe de la conservation de la santé.

Hygiène privée : Borne ses soins à l'individu isolé.

Hygiène publique : Étudie les questions qui intéressent la population tout entière, telles que la *distribution des eaux,* l'*aménagement des égouts,* la *bonne qualité des aliments,* l'*insalubrité des cimetières* et *des abattoirs,* les mesures à prendre pour empêcher la *propagation des épidémies,* etc.

L'hygiène met en application les données de la *physique,* de la *chimie* et de l'*histoire naturelle.*

De la santé : C'est l'exécution régulière de toutes les fonctions de l'économie. — Son influence sur les facultés de l'esprit.

Des âges : Ce sont les *périodes de l'évolution de l'homme,* depuis sa naissance jusqu'à la mort. — Leurs divisions reposent sur des *changements survenus dans l'état matériel et fonctionnel* des organes.

On les divise en :

A) *Première enfance :* De la naissance à 2 ans. — Influence de l'*allaitement maternel :*

Sur 100 enfants *élevés au sein* on en perd 10 % } Pendant la
Sur 100 enfants *nourris au biberon,* id., 30 % } première année.

1.

B) *Deuxième enfance :* De 2 à 12 ou 15 ans. — *Des dangers d'une éducation trop précoce.— Influence du milieu moral.*

C) *Adolescence* ou *puberté :* De 15 à 20 ans.— *Période critique.*

D) *Age adulte* ou *virilité :* De 20 à 60 ans.

E) *Vieillesse :* De 60 ans à la mort. — *Dégradation progressive de tous les organes.*

De la mort : C'est le terme obligé auquel aboutit toute créature organisée, végétale ou animale.

Durée moyenne de la vie : En 1806...... *28 ans.*
— — Aujourd'hui.. *33 ans.*

M. *Flourens* a démontré que la *durée de l'accroissement* du corps des animaux est la *cinquième partie* de la *durée de leur existence.*

Exemples :

Le chameau met 8 ans à croître. Il vit....... $8 \times 5 = 40$ ans
Le cheval — 5 — — .... $5 \times 5 = 25$ —
Le bœuf — 4 — — .... $4 \times 5 = 20$ —
Le chien — 2 — — .... $2 \times 5 = 10$ —
L'homme — 20 — il doit donc vivre. $20 \times 5 = 100$ —

L'immense majorité des hommes meurt donc *prématurément.* Il faut en accuser *leur genre de vie artificielle* qui renverse les plans de la nature.

La *durée de la vie* est influencée par :

A) *Les conditions héréditaires.*

B) *La Misère :*

Dans *les départements pauvres,* il meurt p. an **1** ind. sur 33
Dans les *départements riches,* — 1 — 46
A Paris, dans *le quartier de la Bourse,* il m. p. an 15/1,000
— dans *le quart. des Buttes-Chaumont* — 30/1,000

C) *La Densité de la population :*

Dans *les campagnes,* il meurt annuellement 1/50
Dans *les petites villes,* — 1/40
Dans *les villes moyennes,* — 1/35
Dans *les grandes villes,* — 1/30

A Boulogne où la population est de 40,000 habitants, la mortalité annuelle est de 1,200, soit 1/33.

D) *Les Professions* :

Sur 1,000 *agriculteurs* 40 atteignent leur 70me année.
— *commerçants* 35 — —
— *avocats* 29 — —
— *artistes* 26 — —
— *médecins* 24 — —

E) *Les différents pays* :

France, 1 décès annuel sur 45 habitants.
Angleterre, — 45 —
Prusse, — 38 —
Autriche, — 33 —
Russie — 28 —

De la mort apparente :

Moyens faciles à employer pour s'assurer de la réalité de la mort :

Ligature autour d'un doigt : Elle ne fait pas gonfler les parties situées au-dessous d'elle.

La flamme d'une allumette ne produit pas d'ampoule sur la peau.

L'Iris reste immobile sous l'influence de la lumière.

Le Cœur ne fait plus entendre ses battements.

La température du corps, prise sous l'aisselle, est inférieure à 25°.

Enfin après quelques heures (de 6 à 12 h.), apparaît la *rigidité cadavérique*.

Imp. N. Berr.

COLLÉGE COMMUNAL DE BOULOGNE-SUR-MER

COURS D'HYGIÈNE

Chargé du Cours : **M. le Dr A. FILLIETTE**

2me LEÇON :

DES AGENTS ATMOSPHÉRIQUES
au point de vue de leur influence sur la santé

De l'air :

C'est l'agent le plus indispensable à l'entretien de l'existence.

Échanges constants qui se font entre les *animaux* et les *plantes*. Celles-ci absorbent de l'acide carbonique et exhalent de l'oxygène ; ceux-là absorbent l'oxygène et exhalent de l'acide carbonique.

L'air agit sur l'homme par sa *composition chimique* et par certains principes dont il est le véhicule, tels que la *lumière*, la *chaleur*, l'*électricité*, etc.

De la lumière :

Les plantes ne *respirent* et ne forment du tissu vert (*chlorophylle*) qu'à la lumière. Dans l'obscurité, elles *s'étiolent*.

Mêmes effets chez les animaux. La *peau* se hâle et se fortifie au grand air; elle pâlit à l'ombre. — Différence de coloration des diverses parties du corps chez le *citadin* et le *travailleur des champs*.

La *teinte* de la peau chez les peuples du globe est en raison de l'*intensité de la lumière* qu'ils reçoivent.

Du coup de soleil : Il résulte de l'action *inusitée* et *passagère* d'une vive lumière sur une partie découverte du corps.

La *privation de lumière* altère la constitution chez les *prisonniers*, les *ouvriers mineurs*, etc.

La *lumière artificielle* ne peut pas remplacer les *rayons du soleil*.

Influence de l'*obscurité* sur les *passions tristes*.

. 2.

De la chaleur :

L'homme est apte à subir des *variations de température* de 104° centigr. (maximum 47° 4 en Egypte. Minimum — 56° 7 au fort Reliance, Amérique du Nord).

Température *constante* de l'homme : 37° 1/2 environ. Elle dépend des *réactions chimiques* qui s'opèrent dans toute l'économie entre l'*oxygène* de l'air inspiré, et les *aliments* absorbés dans l'acte de la digestion. C'est une véritable *combustion lente*.

La température du corps est rendue *uniforme et constante* par l'*évaporation* de l'eau à la surface de la *peau* et des *poumons*.

De la résistance à la chaleur :

Dans une étuve sèche, on peut rester 10 minutes à une température de 115°, grâce à l'*évaporation de la sueur* qui enlève du calorique.

La *ventilation de l'air* active encore ce refroidissement.

Dans une atmosphère *saturée* de vapeur, la résistance est moindre. On ne peut séjourner plus de 12 minutes dans un bain de vapeur à 50°.

Dans l'eau, la résistance est encore plus faible. Au bout de 8 minutes, un bain à 45° est insupportable.

Cela tient à ce que la sueur ne peut pas se vaporiser.

De la résistance au froid :

Congélations locales des parties du corps les plus éloignées du cœur, pieds, mains, nez, oreilles.

Nécessité du mouvement par les grands froids. L'inaction entraîne le *sommeil*, et le sommeil, la *mort*. Exemples tirés de la *Campagne de Russie* en 1812, et du *Siège de Sébastopol* en 1854.

Nécessité d'une *alimentation plus copieuse* pour subvenir aux dépenses exagérées de l'organisme.

L'*inanition* produit le même genre de mort que le froid.

Dangers des *liqueurs alcooliques*, et de l'*ingestion de la glace* pour calmer la soif.

Les *populations du Midi* supportent mieux le froid que celles du *Nord*.

L'*agitation de l'air* et l'*humidité* augmentent les effets du froid.

La *transition brusque* du froid au chaud détermine des accidents funestes.

Du *refroidissement* proprement dit.

De *l'électricité* :

L'air est électrisé *positivement* et le sol *négativement*.

Les *temps orageux* déterminent des malaises divers.

La foudre cause plus d'accidents dans les campagnes que dans les villes, sur les *emplacements élevés*, que dans les *bas-fonds*.

Effets divers qu'elle occasionne. — Elle n'est pas influencée par les *courants d'air*.

Du *paratonnerre* :

Dangers des *agglomérations* d'hommes ou d'animaux, des *granges*, des *meules de foin*, du *contact des métaux*.

Foudroiement des clochers. La *corde humide* des cloches sert de conducteur au fluide jusqu'à l'intérieur de l'église.

Action *préservatrice* des vêtements de *soie*.

Les *cavernes* et les *caves* ne mettent pas à l'abri.

Influence des *forêts* sur l'état électrique d'un pays. — Le *déboisement* d'une montagne, c'est la destruction d'un grand nombre de paratonnerres.

De *l'humidité* :

Ce mot n'exprime que la *tendance de la vapeur d'eau à se précipiter*, et non la *quantité absolue* que l'air en renferme.

Brouillards, nuages, pluie, rosée.

L'humidité de l'air empêche *l'évaporation de la sueur*. De là, *sensation de chaleur* pénible, et *augmentation du poids du corps. Troubles de toutes les fonctions*.

L'air *humide et chaud* provoque la formation de *miasmes* par suite de *fermentations putrides* à la surface du sol.

L'air *humide et froid* refroidit le corps plus que l'air sec, parce qu'il conduit mieux la chaleur.

Insalubrité de certaines localités, de certains quartiers placés dans le voisinage de masses d'eau. Nécessité d'avoir des *quais* et des *rues* larges et bien aérées.

Du *refroidissement* occasionné par des *vêtements* humides.

Imp. N. Berr.

COLLÈGE COMMUNAL DE BOULOGNE-SUR-MER

COURS D'HYGIÈNE

Chargé du Cours : M. le Dr A. FILLIETTE

3me LEÇON

De la pression atmosphérique :

L'air forme à l'entour de la terre une couche gazeuse de 15 à 20 lieues d'étendue.

Au niveau de la mer, son poids fait équilibre à une colonne mercurielle de 0^m,76.

La surface du corps d'un homme de taille moyenne supporte à peu près une pression de 15,000 kilogr. *répartie dans toutes les directions*, et par conséquent *neutralisée*.

Des *variations barométriques.*

Effets de l'augmentation de la pression atmosphérique :

Ils se manifestent lorsqu'on descend au-dessous du niveau de la mer, dans le percement des puits à houille, dans des cloches à plongeur, dans les travaux de fondations des piles des ponts au-dessus des grands fleuves, etc., etc.

A la pression de *1 atmosphère 1/2 :* sensation de bien-être, respiration plus large, plus aisée.

A *2 atmosphères et au-delà :* douleurs d'oreilles et surdité passagère.

Le danger consiste dans *le retour à la pression normale.* Refroidissement très-pénible, surdité, douleurs dans les membres, pertes de sang, mort subite.

Effets de la diminution de la pression atmosphérique :

La *densité de l'air* et par suite sa *richesse en oxygène* diminuent à mesure qu'on s'élève dans l'atmosphère ; d'où le besoin de *multiplier les mouvements respiratoires.*

Caractères généraux des *habitants des montagnes :* leur agilité, leur courage, leur esprit d'indépendance.

Ascension aérostatique de Gay-Lussac à 7,000 mètres, le baromètre marquant 0,32.

Ascension du Zénith à 8,600, le baromètre marquant 0,26.

Accidents divers éprouvés : courbature, refroidissement, hémorrhagies, syncopes, etc.

Mort de *Crocé-Spinelli* et de *Sivel*.

Ascension des hautes montagnes : Mal des montagnes, vertiges, nausées.

Ces phénomènes sont dus en grande partie à la *diminution de l'oxygène*.

Des vents :

Leur cause principale est l'*inégal degré de température* des différentes couches de l'atmosphère.

Un vent *modéré* parcourt 2 mètres par seconde.
— *fort* — 10 à 20 —
— *en tempête* — 20 à 30 —
— *en ouragan* — 30 à 45 —

Leur *action mécanique* sur le corps de l'homme : Ils déterminent une série de *percussions* et de véritables *commotions* qui peuvent être funestes.

Leur action *refroidissante* par l'évaporation de la sueur.

Ils tirent surtout leurs propriétés des climats qu'ils ont parcourus. Pour la France, les vents du *Nord* et du *Nord-Est* sont froids et secs. Ceux du *Sud* et du *Sud-Est* sont chauds et humides. Ceux de l'*Ouest* sont pluvieux.

Ils transportent au loin des sables, des poussières de glace, des nuées d'insectes, des émanations délétères, etc.

En Afrique, le *sirocco* peut engloutir des caravanes sous des trombes de sables.

Utilité des vents : Ils brassent et épurent l'atmosphère. Ils en maintiennent la composition uniforme sur tous les points du globe.

Des altérations principales de l'air :
100 parties d'air renferment en volume : oxygène, 21.
— — — azote, 79.
— — — ac. carb., 4 à 6/10.000.
— — — vapeur d'eau, en quantité très-variable.

L'air qui *a servi à la respiration* a perdu 3/100 de son oxygène, et l'acide carbonique a augmenté dans la proportion de 3 à 4/100. La vapeur d'eau y est également beaucoup plus abondante. Elle entraîne avec elle *une matière organique putrescible.*

Un homme adulte respire en moyenne *15 fois* par minute et introduit chaque fois *un demi-litre* d'air dans ses poumons. Cela fait par jour *plus de 10,000 litres* d'air qui ont passé dans sa poitrine, et qui ont déversé environ *400 litres d'acide carbonique* dans l'atmosphère.

La respiration qui se fait par la surface de la peau a encore augmenté ce chiffre (12 litres environ).

Dangers des agglomérations humaines dans un espace où l'air ne se renouvelle pas avec facilité.

Maladies engendrées dans les casernes, les prisons, les hôpitaux, etc.

L'air confiné agit d'une façon *lente et progressive* qui détériore la constitution, ou bien d'une manière *aigue et foudroyante*.

Après la bataille d'Austerlitz, 300 prisonniers Autrichiens furent enfermés dans une cave. 260 y succombèrent en quelques heures.

L'air confiné peut encore être vicié par les gaz qui se dégagent des appareils de *chauffage et d'éclairage ;* par les *émanations des fosses d'aisance* (sulfhydrate d'ammoniaque) ; par des *gaz provenant d'industries diverses* (chlore, hydrogène arsénique, vapeurs de phosphore, etc) ; par des *poussières de différente nature* (plomb, mercure, silice, charbon, coton, laine, etc).

De l'encombrement et des *miasmes humains :* Ils servent d'*agents de transmission* pour différentes maladies (fièvre typhoïde, choléra, variole, etc).

Des *miasmes telluriques* ou *effluves :* Ce sont des émanations qui proviennent du sol, principalement des *eaux stagnantes* et des *marais*.

Ils sont dus *à la fermentation des détritus végétaux*, sous l'influence de la chaleur et de l'humidité.

Ils provoquent des maladies diverses : En Europe, *la fièvre intermittente ;* sur les bords du Gange, *le choléra ;* en Egypte, *la peste ;* au Mexique, *la fièvre jaune*.

Les maladies nées sur place et particulières à certains pays où elles règnent constamment sont dites *endémiques ;* celles qui ne sévissent que par instants sur un assez grand nombre de personnes à la fois, et qui peuvent avoir été importées du dehors, sont dites *épidémiques*.

COLLÉGE COMMUNAL DE BOULOGNE-SUR-MER
COURS D'HYGIÈNE

Chargé du Cours : M. le D' A. FILLIETTE

4ᵐᵉ LEÇON

DES HABITATIONS

L'habitation isole des influences du dehors une portion de l'espace que l'homme accommode à ses besoins, et dont il modifie les conditions de température, d'hygrométrie, etc.

Dans les pays chauds, elle doit procurer de l'ombre et de la fraîcheur ; dans les contrées du Nord, elle doit mettre à l'abri du froid et des intempéries du dehors.

Choix du sol : Autant que possible, il sera *sec*, avec un sous-sol rocheux, imperméable aux eaux d'infiltration. S'il est humide, il faudra creuser un étage souterrain percé de larges ouvertures.

Le voisinage des arbres est avantageux s'il n'est pas trop immédiat pour intercepter les rayons du soleil.

Eviter la proximité des *cours d'eaux*, ainsi que celle des *eaux stagnantes* et *des marais*. Se préserver de leurs effluves par *un écran de plantations* et par la *disposition des ouvertures de la maison*.

De l'orientation : Dans nos pays, se garder de la direction de l'Ouest et du Nord.

Les matériaux de construction doivent être légers, solides, non hygrométriques, mauvais conducteurs du calorique. — *Pierres de taille, moëllons, briques, briques creuses.*

Préférer *la chaux* au *plâtre* (sulfate de chaux) qui est une cause d'humidité.

Dangers du séjour dans une maison *nouvellement construite* (odeurs de peinture, vapeurs d'essence de térébenthine, humidité).

Insalubrité des *sous-sols* et des *caves*. Ils sont humides, obscurs, mal ventilés.

Les *rez-de-chaussée* doivent reposer sur des voûtes. Il

4.

ne faut pas qu'ils soient au niveau du sol, ni en contre-bas.

La salubrité *des étages* augmente à mesure qu'ils sont plus élevés.

Les *parquets* doivent être faits de *bois dur et ciré*. Les bois mous s'imbibent des matières liquides qui coulent sur eux, et conservent l'humidité des lavages.

Les *briques* et les *carreaux* sont trop froids.

Les *plafonds* doivent avoir au moins *3 mètres* de hauteur.

Les *murs* sont généralement humides dans leurs parties inférieures, parce qu'ils absorbent par capillarité l'eau du sol. On y remédie par *des couches étagées* de mastic imperméable, par un *revêtement en menuiserie*, etc.

Eviter les *papiers de tapisserie* et les *tentures* colorés avec des sels de cuivre, de plomb, d'arsenic.

Le *toit* doit être séparé du plafond par une couche d'air qui intercepte le passage du calorique. Les *ardoises* et les *tuiles* conviennent mieux que les *feuilles métalliques*. La forme du toit doit être *inclinée* pour permettre l'écoulement de la pluie.

La dimension des chambres varie selon leurs usages et le nombre des personnes qui y résident. Il faut à un adulte *dix mètres cubes* d'air pur par heure. Le peu d'étendue de la pièce peut être compensé par une bonne aération.

La *chambre à coucher*, dans laquelle on séjourne 8 heures de nuit en moyenne, doit avoir de 80 à 90 mètres cubes, et être la mieux exposée de la maison. — *Encombrement par les meubles.*

De la ventilation : Elle s'exerce par les *portes*, les *croisées* et les *cheminées*.

Les *portes* seront assez grandes, et placées en face des fenêtres ou de la cheminée.

Les doubles-portes peuvent mettre obstacle à l'aération.

Les croisées ne seront ni trop basses ni trop éloignées du plafond, pour faciliter le renouvellement des couches d'air supérieures et inférieures.

Dans les édifices publics, les hôpitaux, etc., on a recours à des moyens de ventilation plus puissants, mis en jeu par des cheminées d'appel, des appareils à vapeur, etc., etc.

Du chauffage :

Le degré de chaleur qu'il convient de maintenir dans un appartement varie *de 12 à 18° centigr*. Le séjour dans des lieux trop échauffés détermine des maux de tête, des malaises divers, etc.

On emploie comme combustibles :
1° *Le bois :* Les bois les plus denses, les plus secs, les plus gros sont les meilleurs.
2° *Le charbon de bois* qui rayonne beaucoup, mais dégage de l'oxyde de carbone.
3° *La houille*, désagréable par son odeur et sa fumée. *Le coke* n'a pas ces inconvénients, mais il chauffe moins.
4° *La tourbe*, mélange de végétaux putréfiés avec le limon des marais. Elle répand une odeur insupportable, mais est très-économique.
5° *Le gaz*, coûte cher, et de plus il brûle à l'air libre.

Les procédés de chauffage sont au nombre de quatre :
1° *Les réchauds* de charbon ou de braise sont dangereux s'il n'y a pas un courant d'air suffisant. *Les chaufferettes* déterminent des altérations diverses de la peau des jambes, et devraient être remplacées par des boules d'eau chaude ou des briques chauffées.
2° *Les poêles* donnent pour une même consommation la plus forte quantité de chaleur. Ils dessèchent l'air, mais on y remédie par des vases d'eau placés sur leur tablette. Ceux en fonte s'échauffent et se refroidissent beaucoup plus vite que ceux en terre cuite et en faïence. *Chauffés au rouge*, ils dégagent de l'oxyde de carbone. — *Dangers de fermer la clef des tuyaux* pour la nuit.
3° *Les cheminées* attirent 10 à 20 fois plus d'air qu'il n'en faut pour l'alimentation du foyer. Il en résulte *des vents coulis* par les fissures des portes et des fenêtres. Elles n'échauffent que par rayonnement, et laissent perdre les 9/10 de la chaleur engendrée. On remédie en partie à ce désavantage par l'établissement de *bouches de chaleur*.
4° *Les calorifères* sont des appareils dont le foyer est situé en dehors de la pièce à échauffer. Le transport du calorique s'effectue par le moyen de tuyaux dans lesquels circule de l'air, de la vapeur d'eau, ou de l'eau liquide que l'on a préalablement fait chauffer.

Imp. N. Berr.

le foyer est situé
transport du calo-
tuyaux dans lesquels
u, on de l'eau liquide
chauffer.

couches de
en partie
perdue
elles
els

Imp. N. Berr.

COLLÉGE COMMUNAL DE BOULOGNE-SUR-MER

COURS D'HYGIÈNE

Chargé du Cours : M. le Dr A. FILLIETTE

5me LEÇON

De l'éclairage artificiel :

On se sert : 1° de corps solides ; 2° liquides ; 3° gazeux.

1° Les *chandelles* faites avec la graisse de mouton ou de bœuf ont une flamme *vacillante*, et dont l'intensité diminue à mesure que la mèche s'allonge.

Leur *pouvoir éclairant* n'est guère que 10/100 de celui d'une bonne *lampe Carcel*.

Leur combustion est incomplète, et produit des *vapeurs empyreumatiques* qui irritent la gorge, et une *fumée charbonneuse* qui pénètre dans les poumons, et colore en noir les produits de l'expectoration.

Les *bougies*, fabriquées avec la cire ou l'acide stéarique, ont une mèche qui se brûle complètement. — Combustion plus parfaite, — flamme moins oscillante, — intensité lumineuse plus forte (13/100).

2° Les *huiles grasses* de colza, d'œillette ou de noix, se brûlent dans des appareils spéciaux, *quinquets* ou *lampes*. La *lampe Carcel*, qui est la plus perfectionnée, donne une lumière très-belle avec une combustion presque complète, très-peu de fumée, et accompagnée d'un fort dégagement de chaleur.

Les *carbures d'hydrogène liquides, schiste* et *pétrole*, sont dangereux à manier. Ils donnent une lumière très-intense, très-économique, mais laissent dégager des vapeurs désagréables.

3° Le *gaz*, provenant de la houille, fournit une très-belle lumière accompagnée de beaucoup de chaleur. Mais il laisse dégager de l'acide sulfureux, de l'hydrogène sulfuré et de la fumée de charbon.—Le bannir des chambres à coucher et des endroits mal ventilés.

L'action prolongée de la lumière du gaz *étiole* la constitution.

En résumé tous les modes de chauffage et d'éclairage consomment de l'oxygène, et produisent des gaz irrespirables ; d'où nécessité d'une aération plus active.

Des causes d'insalubrité des habitations :

Les *animaux* qui vivent dans nos appartements augmentent la viciation de l'atmosphère.

Par leurs parties vertes, les *végétaux* exhalent la nuit de l'acide carbonique

Les *fleurs* par *leurs émanations odorantes* occasionnent des accidents nerveux (vertiges, syncopes, vomissements, etc.)

Eloigner des appartements les *cuisines*, ainsi que les *écuries, étables, dépôts de fumier,* etc. Assurer le facile écoulement au dehors des *eaux ménagères* qui se décomposent rapidement.

Les *cabinets d'aisance* doivent être situés loin des parties habitées (sulfhydrate d'ammoniaque).— Système des *fosses mobiles* et des *cuvettes à l'anglaise*.

Les boiseries et les pierres poreuses des murailles absorbent les miasmes. D'où nécessité de *balayer* et de *laver* fréquemment les planchers, les cours, etc.; de *peindre les murs à l'huile*, de *renouveler les papiers de tenture*, etc.

DES VÊTEMENTS

Ils doivent garantir le corps des impressions et des vicissitudes atmosphériques. On emploie des *substances végétales* : chanvre, lin, coton, caoutchouc; et des *substances animales* : laine, soie, fourrures, plumes et peaux de certains animaux.

Les vêtements agissent :

1° *Par leur conductibilité pour le calorique :* Les corps mauvais conducteurs, comme la plume, les fourrures, la laine, garantissent du froid beaucoup mieux que ceux qui sont bons conducteurs, comme le coton et le lin.

2° *Par leur texture :* Les étoffes sont d'autant plus chaudes qu'elles emprisonnent dans leurs mailles une plus grande quantité d'air, qui est mauvais conducteur.

La laine largement tissée tient plus chaud que les toiles fines et serrées de coton ou de chanvre.

La *rudesse* et le *peu d'élasticité* des fils de la trame peut irriter la peau, et y faire naître des picotements et des éruptions. Ex. : la laine.

3° *Par leurs propriétés électriques :* Le frottement des fourrures et de la soie contre le corps est une source d'électricité.

4° *Par leurs propriétés hygrométriques,* c'est-à-dire par la facilité avec laquelle ils s'imprègnent de l'humidité de l'air et de la transpiration cutanée. L'évaporation de cette eau refroidit C'est pourquoi le corps. les chemises de toile sont plus fraîches que celles de coton, et ces dernières que celles de flanelle.

5° *Par leur couleur*, qui modifie le pouvoir rayonnant et absorbant, c'est-à-dire la *perméabilité au calorique*. D'abord vient le *noir*, 2° le *vert*, 3° le *rouge*, 4° le *blanc*. La couleur blanche est donc celle qui préserve le mieux du chaud et du froid.

6° *Par leur forme :*. Les vêtements larges permettent une ventilation qui rafraîchit le corps en évaporant la sueur.

Rapports des vêtements avec les différentes parties du corps :

Tête : Dangers d'une constriction trop énergique sur la tête des jeunes enfants dont les os flexibles *se déforment*.

Avantages d'une coiffure *légère* et *poreuse*. Inconvénients du *chapeau à haute forme* qui est lourd, ne préserve ni les yeux ni les oreilles, concentre la chaleur et la sueur sur le cuir chevelu, d'où *calvitie précoce*.

Cou : Les *cols rigides* ont été remplacés par des *cravates* souples et molles.

Les *cache-nez* accumulent trop le calorique et exposent à des maux de gorge.

Tronc et *membres :* Il faut changer de *chemise* pour la nuit, afin de permettre à celle du jour de se débarrasser de l'odeur et de l'humidité qu'elle a contractées.

Le *pantalon* doit être maintenu par des *bretelles* et non par une *ceinture* qui comprime l'abdomen. Le *caleçon* isole la peau du contact avec le drap du pantalon, et remplit un rôle de propreté.

Le *gilet* et l'*habit* ne doivent exercer aucune constriction à la base de la poitrine, à la naissance du cou, ni à l'insertion des épaules

Les *manteaux* et *par-dessus* sont des moyens de protection ajoutés aux précédents.

Les *vêtements imperméables en caoutchouc* placent le corps comme dans une étuve humide, et l'exposent à des refroidissements.

Les *larges ceintures* que l'on porte dans le Midi sont d'excellents moyens de soutien pour tous les organes abdominaux, qu'ils défendent contre les brusques variations de température.

Les *gants* conservent à la peau des mains sa délicatesse pour le tact.

Les *bas* ont un but de propreté. Les *jarretières* seront plutôt attachées au-dessus qu'au-dessous des genoux, pour moins comprimer les veines.

Les *chaussures* seront solides et souples, ni trop larges, ni trop serrées. Leur *semelle* doit être assez flexible pour se mouler aux changements de courbure de la plante des pieds pendant la marche.

L'*usage de la flanelle* est très-répandu. Elle convient aux personnes âgées et délicates ; mais les constitutions robustes ne doivent pas y recourir sans nécessité.

L'*âge* et le *sexe* modifient l'emploi des vêtements. L'enfant, le vieillard et la femme ayant une caloricité moindre que l'adulte, ont besoin d'être habillés plus chaudement.

Le costume change *selon les climats et les saisons :* Dans les pays chauds, on porte en général des vêtements de laine, larges, de couleur voyante ; dans les contrées froides, on a des habits serrés, de couleur sombre, et où la fourrure joue un grand rôle ; dans nos régions on se règle suivant les saisons, mais il faut ménager les transitions et éviter les changements brusques.

DU LIT

Sa base est le *matelas*. Le *crin* vaut mieux que la *laine* qui peut s'imprégner des exhalaisons et de l'humidité du corps, beaucoup moins cependant que les *plumes* qui donnent en outre trop de chaleur. Le *zostère*, la *balle d'avoine*, les *spathes du maïs*, fournissent un coucher ferme et frais, mais doivent être renouvelés plus fréquemment.

La *paillasse* est avantageusement remplacée par les *sommiers* à ressorts métalliques.

Les *draps* ont la même utilité que le linge du corps pendant le jour.

Les *couvertures* de laine ou de coton ne seront pas trop épaisses ni trop pesantes.

Les *édredons* provoquent la transpiration et ne conviennent qu'aux personnes délicates.

Les *traversins* et les *oreillers* seront de préférence en *crins*.

Les *rideaux* ne seront pas trop épais, et n'entoureront pas complètement le lit. On peut très-bien s'en passer, à moins qu'ils ne préservent des courants d'air.

Les *lits de fer* sont préférables aux lits de bois. — Insalubrité des *alcôves* et des cabinets obscurs. — Une couche *trop flasque et trop chaude* énerve le corps et prolonge le sommeil sans besoin.

Imp. N. Berr.

COLLÈGE COMMUNAL DE BOULOGNE-SUR-MER

COURS D'HYGIÈNE

Chargé du Cours : M. le Dr A. FILLIETTE

6me LEÇON

Des soins du Corps

Hygiène de la peau. — La peau remplit des fonctions multiples dont le bon exercice est indispensable pour l'entretien de la santé.

1° *Elle est un organe respiratoire*, c'est-à-dire qu'elle absorbe l'oxygène de l'air, et exhale de l'acide carbonique et de la vapeur d'eau.

2° *Par les glandes sudorifères*, elle secrète la *sueur*, soit à l'état liquide, soit à l'état de vapeur *(transpiration insensible*, évaluée à 1 kilog. par jour).

3° *Par les glandes sébacées*, elle secrète une matière grasse qui la lubréfie et peut se concréter en croûtes épaisses.

4° Elle est soumise à un *renouvellement incessant* de sa couche la plus superficielle *(épiderme)* qui s'exfolie sous forme de petites écailles.

La *suppression totale* des fonctions de la peau, à l'aide de vernis imperméables, détermine chez les animaux une mort rapide. Elles ont donc pour résultat de débarrasser le sang d'éléments nuisibles.

La *propreté du corps* est nécessaire à la santé. Elle empêche l'*obstruction des pores* de la peau par la *crasse*, qui est constituée par les résidus solides de la sueur, par les débris de l'épiderme, par les poussières du dehors, *agglutinés* à l'aide de la matière sébacée.

Des ablutions quotidiennes. — Les adultes doivent les pratiquer *à l'eau froide*, qui raffermit les tissus, aguerrit contre les vicissitudes atmosphériques, et exerce sur toute l'économie une influence salutaire de bien-être et de vigueur.

Des bains tièdes. — 25 à 30° de température, — 20 à 30 minutes de durée, — une fois par mois au moins. Ils nettoient, assouplissent et font respirer la peau.

Pour enlever toutes les souillures de la peau qui ne sont pas entièrement solubles dans l'eau, il faut faire emploi du *savon*.

Le *savon de Marseille* est un peu irritant.— Se servir de ceux dits *de toilette*. — Se défier des savons *colorés au vermillon* ou *au violet d'aniline*.

Utilité, au sortir du bain, du *massage*, sorte de pétrissement des muscles, et des *frictions* opérées avec un linge rude ou un gant de crin.

Si les bains tièdes ont une influence favorable sur la santé, les *bains chauds*, c'est-à-dire à une température de 32° à 40°, occasionnent des vertiges et des syncopes ; ils énervent et affaiblissent l'organisme.

Des cosmétiques de la peau (fards). — Il en est qui doivent leur coloration au *vermillon* (sulfure de mercure) et à la *céruse* (carbonate de plomb), et qui peuvent à la longue déterminer des phénomènes d'empoisonnement.

Leur usage prolongé, comme chez les acteurs, flétrit la peau, la ride, et lui donne une nuance jaunâtre.

Hygiène des ongles : Les couper en *demi-cercle* aux mains, et *carrément* aux pieds, pour éviter leur *incarnation*.

Hygiène des cheveux : Ils tirent leur nourriture par une racine qui plonge dans un *follicule*, ou *bulbe pileux*.

Il faut respecter la chevelure des jeunes enfants. La couper trop souvent, et trop près de la racine, expose à des maux d'yeux, des douleurs d'oreilles, etc.

Usage journalier du peigne, de la brosse, et de lotions d'eau savonneuse tiède, pour enlever les poussières et les pellicules épidermiques.

La *pommade* et les *cosmétiques* sont une cause de malpropreté ; ils ne conviennent guères qu'aux personnes qui ont naturellement les cheveux *secs* et *rudes*.

La *calvitie* qui survient par suite du progrès de l'âge et du dépérissement du bulbe est une infirmité incurable, contre laquelle ne peuvent rien les nombreuses préparations vantées par le *charlatanisme*.

La *teinture des cheveux* expose à des accidents. Les *sels d'argent* employés à cet effet brûlent le poil et en accélèrent la chute. Les *sels de plomb* flétrissent la peau, et peuvent provoquer des phénomènes d'empoisonnement.

Hygiène des dents. — La *salive* et les *humeurs buccales* renferment des sels calcaires (phosphates et carbonates), qui se déposent sous forme de *limon* à la surface des dents. Il en résulte à la longue des concrétions pierreuses *(tartre)*, qui déchaussent et ébranlent les dents.

La *carie* dentaire est occasionnée par l'*acidité* de la salive, et par la *fermentation putride* (avec production d'acides *lactique* et *butyrique*) des débris alimentaires. C'est une *corrosion* de l'émail et de l'ivoire de la dent.

Après les repas, se *rincer* la bouche avec de l'eau tiède. — Emploi du *cure-dents* en plume ou en bois tendre. — Chaque matin, frictions dans tous les sens avec *une brosse* douce et trempée dans l'eau tiède. — Rejeter l'usage des *dentifrices* acides. — Se servir de poudres inertes qui nettoient *mécaniquement* (charbon, quinquina, magnésie). — Le corail et la pierre ponce sont trop durs et *usent* l'émail.

Les dents s'altèrent par *certains abus de régime*, tels que l'ingestion de liquides trop chauds ou trop froids, les boissons à la glace alternant avec des mets brûlants, des assaisonnements trop épicés, etc.

Elles noircissent par l'usage du tabac. — Elles s'usent par le frottement des tuyaux de pipe. — Les pipes *à tuyaux courts* entretiennent dans la bouche une chaleur qui fend l'émail et engorge les gencives.

Hygiène des oreilles : L'accumulation du *cérumen* est une cause fréquente de *surdité* chez les vieillards. — Usage du *cure-oreilles* à extrémité mousse.

La *propreté* n'est pas seulement une vertu *privée* ; elle est une vertu *sociale*, parce qu'elle diminue les émanations corporelles nuisibles dont chaque homme est le centre. — Elle est une condition de santé et de dignité personnelles.

COLLÈGE COMMUNAL DE BOULOGNE-SUR-MER

COURS D'HYGIÈNE

Chargé du Cours : M. le Dr A. FILLIETTE

7me LEÇON

DES ALIMENTS

Les *aliments* doivent réparer les pertes incessantes que subit le corps, renouveler les matériaux de nos tissus, et entretenir la chaleur animale.

On les divise en trois classes :

1° Alim. *azotés* : Ex.: la fibre musculaire — *matières quaternaires* C. H. O. Az.

2° Alim. *hydrocarbonés* : Ex.: la fécule, ⎱ *matières ternaires*
3° Alim. *gras* : Ex.: la graisse des animaux, ⎰   C. H. O.

Ces deux dernières espèces de substances sont incapables à elles seules d'entretenir la vie. Leur usage exclusif entraîne la mort d'un animal au bout de 20 à 40 jours. Elles servent *à faire de la chaleur* en se métamorphosant en eau et en acide carbonique, qui sont éliminés par la respiration. Ce sont des aliments dits *calorifiques* ou *respiratoires*.

Les substances quaternaires peuvent seules être *assimilées*, c'est-à-dire devenir partie intégrante de nos tissus, et servir à leur nutrition. Ce sont donc des aliments *plastiques* ou *réparateurs*; et leur pouvoir nutritif est *proportionnel à la quantité d'azote* qu'ils renferment.

Le règne minéral ne fournit aucun aliment. Pour qu'un corps puisse servir de nourriture, il faut qu'il ait vécu.

Principaux aliments tirés du règne animal :

L'élément hydrocarboné y fait presque complètement défaut.

La graisse y est en plus ou moins grande proportion.

La substance azotée y prédomine sous différentes formes : *fibrine — albumine — gélatine* (laquelle n'a qu'une valeur nutritive très-minime) — *osmazone* (principe aromatique très-réparateur), etc.; etc.

Les *viandes de boucherie* sont par ordre de *digestibilité* : le mouton — le bœuf — l'agneau — le veau — le porc.

A *poids égal*, leur pouvoir nutritif est à peu près le même. Il varie avec :

A) *L'âge des animaux*. — Jeunes, ils renferment beaucoup de gélatine ; vieux, ils ont une chair dure et indigeste.

B) *Leur régime*. — L'absence de mouvement et de travail, ainsi qu'une nourriture spéciale, développent en eux de la *graisse*, qu'ils n'ont pas lorsqu'ils vivent en liberté, et qui est en général indigeste.

C) *Les différentes parties du corps*. — La fibre musculaire est plus réparatrice et plus digestible que le foie, les reins, le cerveau, etc.

D) *Le mode de préparation culinaire*. — La *cuisson dans l'eau* fait perdre à *la viande bouillie*, pour la communiquer au *bouillon*, une grande partie de son pouvoir nutritif. — Le *rôtissage à un feu vif* est le plus parfait des procédés culinaires. — La *cuisson au four* lui est inférieure.

La viande du *cheval* offre les mêmes qualités que celle du bœuf. Son usage est exempt de tout inconvénient.

Le *lait* est un *aliment complet*, renfermant : 1° une substance azotée, la *caséine*, base des fromages ; 2° une substance grasse, la *crème*, qui sert à faire le beurre ; 3° une substance hydrocarbonée, le *sucre de lait*.

Le lait *cru* se digère mieux que celui qui a bouilli.

Les *volailles*. Jeunes, elles sont tendres et savoureuses. — L'engraissement les rend indigestes. — Le canard et l'oie ont une chair grasse, plus lourde à l'estomac que le poulet et le dindon.

Les *œufs* sont un aliment très-nourrissant. Crus, ils sont facilement digestibles. Cuits, ils deviennent d'autant plus indigestes que le blanc (albumine) est plus *coagulé*.

Le *gibier sauvage* est plus nutritif que les espèces *domestiques* (lapins, perdrix, pigeons). — Lorsqu'il est *faisandé*, il devient indigeste.

Les *poissons* ont en général une chair peu nourrissante, parce qu'elle renferme beaucoup de gélatine et de matières grasses. — La *salaison*, qui condense les fibres, les rend plus indigestes.

Mollusques. — Les *huîtres* fraîches et crues se digèrent facilement. — Les *moules* déterminent chez certaines personnes des accidents très-sérieux.

Crustacés. — Les homards, crabes, crevettes, écrevisses sont indigestes.

Principaux aliments tirés du règne végétal :

Ils renferment en général beaucoup de substances ternaires (amidon et huiles grasses), mais très-peu d'azote. Aussi sont-ils peu réparateurs, excepté pourtant les *céréales*, qui proviennent de la famille des *graminées*, et qui sont riches en une matière quaternaire, le *gluten*.

Le *froment* en renferme de 15 à 22 % selon l'espèce.

L'*avoine*	—	14	—
L'*orge*	—	13	—
Le *seigle*	—	12	—
Le *maïs*	—	12	—
Le *riz*	—	7	—

Le *blutage des farines* sépare du grain son enveloppe ligneuse, qui constitue le *son*, lequel contient encore de 25 à 30 % de matériaux nutritifs.

La *panification* détermine dans la pâte, à l'aide d'*un levain*, la transformation de l'amidon en alcool et en acide carbonique *(fermentation)*. C'est ce gaz qui boursouffle le gluten et y forme des *yeux*.

Le pain *bien préparé* doit avoir une croûte ferme et cassante, jaune dorée ou brunâtre, adhérente à une mie élastique et criblée d'yeux, d'une odeur appétissante. L'élimination complète du son donne un *pain blanc*, mais fait perdre beaucoup de matériaux nutritifs. — Le *pain bis* est très-digestible et économique.

Le pain *rassis* est plus léger que le pain frais, parce qu'il s'imbibe davantage de la salive.

Le pain de froment est le plus usité. En y ajoutant 1/8 de farine de seigle on a le *pain de ménage*, qui se conserve plus longtemps sans se dessécher.

L'addition de *pommes de terre* cuites et écrasées constitue une fraude au détriment du pouvoir nutritif.

La farine de froment est pauvre en matières grasses. Aussi on a l'habitude d'y ajouter du beurre. — Le maïs en renferme beaucoup ; il sert à engraisser les animaux.

Le *pain d'avoine* (Ecosse) est sain et réparateur. — Le *pain d'orge* est indigeste et grossier. — Le *riz* est excessivement peu nourrissant par lui-même. Il doit être associé à des substances grasses et azotées.

Les *pâtisseries* sont toutes lourdes et indigestes.

Les *pâtes alimentaires* (vermicelle, macaroni, etc.), sont fabriquées avec des pâtes de farine de blé dur, non levées, et durcies à l'air. — Ce sont des aliments faciles à digérer et nourrissants.

COLLÉGE COMMUNAL DE BOULOGNE-SUR-MER

COURS D'HYGIÈNE

Chargé du Cours : M. le Dr A. FILLIETTE

8me LEÇON

Principaux aliments tirés du règne végétal (suite) :

La famille des *légumineuses* nous donne les pois, les haricots, les fèves et les lentilles. Ce sont des aliments riches en matière azotée (*caséine végétale*) et par conséquent nourrissants, mais pauvres en substances hydrocarbonées et en graisse. Aussi les associe-t-on souvent au beurre, au mouton, au porc, etc. Ils sont d'une digestion difficile.

La *pomme de terre (solanées)* est l'aliment des pays misérables (Irlande) et des classes pauvres. Elle renferme beaucoup d'eau (75 %) ; de la fécule (30 %) ; très-peu de substance azotée (1,60 %), ainsi que de graisse (0,10 %). Son pouvoir nutritif est donc extrêmement faible. Néanmoins, c'est une plante excessivement précieuse, et qui a diminué la fréquence des disettes. — (Parmentier).

Herbes potagères. — Elles sont généralement digestibles, mais peu nourrissantes, en raison de la quantité d'eau, et du peu d'albumine végétale qu'elles renferment. Exemples : Asperges, artichauds, céleri, choux, etc. — Certaines espèces (betteraves, carottes, navets, etc.), sont riches en sucre. — D'autres en principes acides (oseille).

Fruits : Ils sont digestibles, peu réparateurs, et renferment surtout du sucre, des acides et des sels de potasse.

Des Condiments :

Ils relèvent le goût des aliments et en favorisent la digestion. — Les principaux sont :

Le *sucre.* — Inconvénients qui résultent de son abus.

Le *sel marin*, indispensable à la nutrition, augmente l'appétit et la force. — Pris en trop grande quantité (chez les gens de mer par exemple), il cause des accidents variés.

Le *vinaigre*, à l'état de pureté enflamme l'estomac. Délié avec les corps gras, il aide à leur digestion.

La *moutarde*, le *poivre* et les *épices* irritent à hautes doses.

Aliments toxiques :

Certaines substances comestibles peuvent *accidentellement* contracter des qualités nuisibles.

L'usage du *seigle ergoté* a donné naissance à des épidémies meurtrières.

La *maladie de la pomme de terre* a fait en Irlande de nombreuses victimes.

Les *viandes putréfiées* sont ordinairement inoffensives, parce que la cuisson en a détruit les principes délétères.— Il en est de même pour celles qui proviennent d'animaux malades (typhus, morve, etc.)

Empoisonnements par des viandes de *charcuterie* altérées (boudins, jambons).

Inconvénients des viandes crues ou simplement grillées, au point de vue des *parasites animaux* qu'elles peuvent renfermer.

Les *trichines*, vers microscopiques qui sont logés dans les chairs du porc, se communiquent à l'homme et occasionnent la mort.

La *ladrerie* du porc donne lieu au développement du ver solitaire.

Accidents occasionnés par l'usage de fruits ou de fromages gâtés, d'œufs pourris, etc.

Conservation des substances alimentaires :

Toute substance organique qui a cessé de vivre se décompose plus ou moins rapidement selon sa nature, sous l'influence de l'oxygène, de la chaleur et de l'humidité. — Soustraite à l'un de ces agents, elle peut se conserver longtemps.

L'électricité active la putréfaction. Exemple : les viandes pendant les temps d'orages.

1° *Emploi du froid :* Au-dessous de 0°, il n'y a plus de fermentation. — Animaux antédiluviens trouvés intacts au pôle nord, dans des blocs de glace. — Conservation du poisson.

Décomposition rapide aussitôt que la substance organique cesse d'être congelée.

2° *Dessication : Momies d'Egypte.* — *Boucanage* des bœufs sauvages dans l'Amérique du Sud.

3° *Soustraction de l'oxygène :* Procédé *Appert,* modifié par *Fastier.* Boîtes de fer-blanc contenant la viande aux trois quarts cuite, et dont on a chassé par la chaleur l'air atmosphérique.— Le couvercle doit être déprimé.—C'est le mode le plus parfait.

Les procédés de conservation au sein de la graisse fondue (foies d'oies), sous une couche de gélatine, dans un milieu d'acide sulfureux, etc., etc., lui sont de beaucoup inférieurs.

4° La *salaison* fait perdre aux viandes certaines parties de leur pouvoir nutritif et les rend indigestes. — Leur usage prolongé amène des maladies graves. — La *saumure* en vieillissant peut devenir toxique.

5° Le *fumage* des viandes et le *saurage* des poissons doivent leurs propriétés conservatrices *à la créosote* qui se dégage avec la fumée du bois qui brûle à petit feu.

6° Les *biscuits de viande* ont un goût désagréable et se décomposent très-vite.

Les *œufs* se conservent dans *l'eau de chaux.* Il se forme un carbonate insoluble qui bouche les pores de la coquille.

Le *lait,* concentré sous forme de crème sirupeuse, se conserve dans des boîtes de fer-blanc par le procédé Appert.

Salaison du *beurre.*

Le *pain* se conserve sous forme de *biscuits de marine* (1/10 d'eau seulement dans la pâte).

Pour les *légumes,* on emploie surtout le *procédé Masson :* Dessication à l'étuve, et compression à la presse hydraulique.

Les *fruits* se gardent *desséchés* (prunes, raisins, etc.), ou sous forme de *confitures.*

COLLÉGE COMMUNAL DE BOULOGNE-SUR-MER

COURS D'HYGIÈNE

Chargé du Cours : M. le Dr A. FILLIETTE

9me LEÇON

Du régime :

Le *régime* comprend ce qui est relatif 1° à la *quantité* et 2° à la *qualité* des aliments.

1° *Ration normale.* — En moyenne, un adulte consomme par jour 154 grammes de carbone, et 25 grammes d'azote que l'alimentation doit lui restituer. Mais cette quantité varie avec

A) Le *travail effectué :* Les efforts musculaires augmentent la dépense de carbone, et nécessitent un surcroit de nourriture.

B) La *température du dehors :* En hiver, pour créer de la chaleur, nous consommons 1/8 d'aliments de plus qu'en été. — Les habitants des régions tropicales ne vivent guères que de fruits qui ne contiennent que 12 % de carbone, tandis que ceux des régions polaires font une énorme consommation d'huile de poisson, qui en renferme de 66 à 80 %.

C) L'*âge et le sexe.* — La femme, le vieillard et l'enfant ont besoin de moins de nourriture que l'homme adulte. — Influence de la *taille*.

D) L'*habitude,* qui renforce la sobriété.

Nous mangeons en général beaucoup plus que ce qu'exige la nature. L'usage, l'imitation et l'art culinaire développent en nous un *appétit factice*.

2° *De la variété dans l'alimentation.* — Elle est une condition indispensable du maintien de l'existence. En dehors du lait et du pain qui sont des *aliments complets*, une nourriture exclusivement animale ou végétale mène progressivement à la mort. Il faut un *régime mixte*. — *Système dentaire* de l'homme.

L'*insuffisance* dans la quantité de viande ôte au corps sa

vigueur (ouvriers anglais comparés aux ouvriers français), et porte atteinte à l'énergie morale (Irlande et possessions anglaises dans les Indes).

La variété dans les mets éveille l'appétit et anime la digestion. La monotonie agit en sens inverse.

Des repas. — Pour l'adulte, ils doivent être séparés par des intervalles de cinq à six heures ; plus rapprochés pour les enfants.

Ils doivent être inégaux, le dîner, qui est le plus substantiel, étant placé entre le déjeuner et le souper qui sont plus légers.

Une nourriture trop azotée, jointe à des condiments trop énergiques *(bonne chère)*, est une cause de maladies pour le corps, ainsi que d'affaiblissement et de dégradation, pour les facultés intellectuelles.

Conditions d'une bonne digestion :

Nécessité d'une *mastication* lente et complète, et d'une *insalivation* parfaite. — Sortir de table incomplètement rassasié. — Influence fâcheuse des passions tristes. La gaîté et la bonne humeur activent la digestion. — Elle est également favorisée par l'action de la lumière ou par un exercice modéré (promenade, par exemple), tandis que le sommeil ou qu'un travail pénible la retarde.

DES BOISSONS.

Les *boissons* doivent subvenir à la déperdition incessante d'eau que subit l'économie, et qui se traduit par la *soif*. — Elles nous fournissent aussi les *sels de chaux* qui entrent dans la composition des os.

Le corps de l'homme renferme 70 % de liquides, et seulement 30 % de solides.

De l'eau :

C'est la boisson par excellence. — Une eau *potable* doit être :

Limpide : Sinon elle tient en suspension des matières étrangères, principalement *terreuses*.

Aérée : Une eau *légère* doit contenir par litre 24 à 30 centimètres cubes de gaz. — (Ox. Az. et Co^2).

Inodore : Toute trace d'odeur provient de *matières organiques* en décomposition, ou bien de *principes sulfurés* qui la minéralisent.

D'une saveur agréable, qui est franche et sans caractère spécial.

Froide en été, tiède en hiver.

Exempte de matières organiques qui ont une influence malsaine sur l'économie. (Emploi du chlorure d'or, ou du permanganate de potasse comme réactifs).

Enfin elle doit renfermer *une certaine quantité de substances salines*.

Au-dessous de $\frac{1}{1000}$, les eaux sont dites *douces*. Les bonnes eaux n'en contiennent que 1 à 2/10.000 (Eau de Seine $\frac{0.30}{1000}$. — Quand une eau renferme plus de $\frac{1}{1000}$ de matériaux fixes (bi-carbonate et sulfate de chaux, de magnésie, etc.), elle est dite *séléniteuse, dure* ou *crue*, et elle doit être rejetée de la consommation. Elle ne peut alors *dissoudre le savon*, ni *faire cuire les légumes secs*. (Essai par l'*hydrotimètre*).

La présence du *cresson* dans une eau dénote ses excellentes qualités.

Examen des différentes espèces d'eaux au point de vue de leurs propriétés hygiéniques :

L'Eau de pluie est lourde et fade parce qu'elle manque de sels et d'air. Elle entraîne les matières organiques de l'atmosphère des villes. Dans les temps d'orages elle contient de l'azotate d'ammoniaque. — Recueillie dans des *citernes* maçonnées à la chaux, elle se charge de sels calcaires et s'aère un peu (Venise, Cadix), mais elle s'y altère bientôt.

Les *eaux de neige ou de glace* ont les mêmes inconvénients. On leur attribue la production du *goître* dans certaines vallées des Alpes.

L'eau distillée est dans le même cas. On la rend potable à bord des navires, en l'aérant par le battage, et en la minéralisant par un mélange de sels convenables.

Les *eaux de sources* sont celles qu'il faut préférer quand l'analyse chimique et l'expérience ont prononcé sur leurs qualités.

Les *eaux de fleuves et de rivières* ont une composition variable, selon les orages et les crues annuelles qui les chargent de matières organiques, et selon les différents points de leur parcours. Elles reçoivent toutes les impuretés des villes qu'elles traversent, les résidus des usines établies sur leurs bords, etc.

Les *eaux de puits* sont peu aérées, souvent riches en sulfate de chaux, polluées par des matières organiques imprégnées dans le sol, et provenant de réceptacles d'immondices, de fosses d'aisance, de dépôts de fumiers, placés quelquefois à de grandes distances.

Les *eaux des étangs, des marais*, etc., renferment beaucoup de substances organiques en décomposition. Lorsqu'on est obligé d'en faire usage (troupes en expédition), il faut les faire bouillir et s'en servir sous forme d'infusion de thé, de café, etc).

On clarifie les eaux par

Le *repos*, qui exige un temps assez long pendant lequel l'eau croupit. (Dix jours pour les eaux de la Garonne et du Rhône), et par

Le *filtrage* qui arrête les particules solides. Emploi de sable, du charbon, des pierres de grès poreuses, de graviers, etc. — Filtres portatifs employés dans l'armée anglaise.

Les eaux sont amenées à destination et distribuées par des *aqueducs* en maçonnerie, et par des *tuyaux* qui doivent être en *fonte*. — Eviter à tout prix le contact du *plomb* soit dans les réservoirs, soit dans les conduites, parce que ce métal est attaqué par l'acide carbonique, et occasionne des accidents très-graves.

Dans une ville il faut en moyenne 100 litres d'eau par jour et par habitant, pour tous les besoins de l'économie domestique, les bains, les lavoirs, l'arrosage public, l'industrie, etc.

COLLÉGE COMMUNAL DE BOULOGNE-SUR-MER

COURS D'HYGIÈNE

Chargé du Cours : **M. le Dr A. FILLIETTE**

10me LEÇON

DES BOISSONS FERMENTÉES

Besoin universel et comme *instinctif* de tous les hommes d'avoir recours aux boissons *spiritueuses* pour se procurer une surexcitation du système nerveux, capable d'aller jusqu'à l'*ivresse*.

L'*alcool*, principe actif de ces liqueurs, provient de la *fermentation* du sucre et des substances amylacées.

Les principales boissons fermentées sont :

1° Le *vin*, fabriqué avec le jus du raisin. Il contient surtout : de l'eau ; de l'alcool ; des sels de potasse ; du *tannin*, et de l'*éther œnanthique* qui lui donne son *bouquet*.

La différence de proportions entre ces divers éléments constitue les nombreuses variétés des vins.

L'alcool y entre pour une quantité très-diverse selon les espèces.

Vin de Porto,	20 à 24 %	Vin de Narbonne,	13 %
— Madère,	22	— Champagne,	12
— Malaga,	16	— Beaune,	12
— Roussillon,	16	— Hermitage,	11
— Sauterne,	15	— Saint-Emilion,	9

La *coloration rouge* du vin provient de la pellicule du grain. — Les vins blancs sont faits avec des raisins blancs, ou avec le *mout* seul des raisins noirs (vins de Champagne).

Le *tannin* est renfermé également dans la pellicule et dans les pépins.

Les *vins de liqueur* (Porto, Malaga, Lunel, etc.) renferment un excédant de sucre qui masque leur richesse en alcool. — Ils sont indigestes et très-capiteux.

Les vins *verts*, ou *acides*, sont faits avec des raisins qui n'ont pas mûri. (Environs de Paris, par exemple). Ils renferment peu d'arôme et d'alcool (5 à 7 %). — Ils fatiguent rapidement l'estomac.

Les vins *austères* (Bordeaux, Bourgogne, Languedoc) perdent en vieillissant leur saveur astringente et acquièrent du bouquet. — Ceux de Bourgogne sont plus chauds et plus excitants que ceux de Bordeaux, parce qu'ils ont un peu plus d'alcool et d'éther œnanthique. En revanche, ils ont moins de tannin et de matières colorantes; les seconds contiennent également du tartrate de fer.

Les vins *piquants* ou *mousseux* (Champagne, Saumur) sont chargés d'acide carbonique. Quoique moins alcooliques que les précédents, ils portent rapidement au cerveau; mais leur action dure moins longtemps.

Les vins *vieux* sont plus moëlleux, moins capiteux et plus restaurants que les jeunes.

Les principales *maladies* du vin sont dues au développement de *germes organisés* (M. Pasteur) que l'on prévient par une température de 50 à 60°.

Les *sophistications* des vins consistent surtout dans l'addition de l'eau ou de l'alcool, et de différentes matières colorantes (sureau, fuchsine, etc.)

2° La *bière* est fabriquée avec une infusion d'orge germée *(malt)*, mélangée avec une infusion de houblon, que l'on fait fermenter. — Elle renferme du gluten, de l'alcool, de la dextrine, de l'acide carbonique, et un principe amer, la *lupuline*. — Elle est légèrement alimentaire.

On distingue les bières *fortes* (ale, porter) qui ont de 6 à 8 % d'alcool, et qui sont des boissons lourdes, menant à l'obésité, et les bières *faibles* qui n'ont que 1 à 2 % d'alcool.

3° Le *cidre* et le *poiré* sont obtenus par la fermentation du jus des pommes ou des poires. Ce sont des boissons qui se conservent peu et dérangent facilement l'estomac. Elles renferment de 5 à 9 % d'alcool, du sucre, de l'acide carbonique et des acides végétaux (acide malique et acétique).

Boissons distillées :

L'*eau-de-vie* est le produit de la distillation des vins et des autres liqueurs fermentées. — Celles de Cognac ou de Montpellier contiennent de 50 à 60 % d'alcool.

Le *rhum* provient des sirops qui ont servi au raffinage du sucre de canne. Il renferme de 50 à 65 % d'alcool.

Le *kirsch* est obtenu par la fermentation du suc des cerises noires sur leurs noyaux. — Il renferme des traces d'*acide prussique*.

Le *genièvre* se prépare par la fermentation d'une infusion d'orge à laquelle on ajoute le jus de la graine du genévrier.

Les *eaux-de-vie de grains* proviennent des céréales (froment, seigle et orge). — On en fait aussi avec les pommes de terre.

Ces dernières espèces contiennent généralement un principe pyrogéné *(alcool amylique)*, qui leur communique un goût particulier et des propriétés nuisibles.

De l'action des boissons alcooliques :

Les boissons fermentées ou distillées agissent surtout sur l'économie en raison de leur richesse en alcool. — A petite dose, l'alcool est un précieux *tonique* qui soutient le corps et excite l'esprit ; à haute dose, c'est un *poison* qui tue.

Par l'harmonie de sa composition, le vin a une action moins brutale, moins irritante et plus réparatrice que l'eau-de-vie. — Le tannin tempère les effets de l'alcool. — Les vins de Bordeaux et de Bourgogne doivent leur réputation à l'heureuse pondération de ces deux principes. — Les vins blancs sont plus ébrieux et moins toniques que les vins rouges, parce qu'ils ont beaucoup moins de tannin.

Prises en trop fortes quantités, les boissons fermentées occasionnent des accidents passagers *(ivresse)*, ou une véritable intoxication lente *(alcoolisme* ou *ivrognerie)*.

L'*ivresse* est une folie passagère. — Influence des dispositions individuelles.—Elle peut occasionner la mort subite. — L'ivresse du vin est plus gaie, moins dangereuse que celle de l'eau-de-vie et du genièvre. — Celle de la bière abrutit. — Celle des vins mousseux dure moins longtemps.

L'*ivrognerie*, c'est-à-dire l'action lente et répétée de l'alcool, amène des désordres graves dans tous les organes et dans toutes les fonctions. Elle conduit à une dégradation progressive du physique et du moral.

L'eau-de-vie est un fléau plus redoutable que le choléra

(Balzac). — Sa consommation va partout en s'accroissant, et ses dangers compromettent l'humanité tout entière, parce qu'elle porte atteinte à la vigueur des générations nouvelles. Pour se défendre contre l'extension de ce mal, on a créé des sociétés de tempérance, des droits de consommation, des lois répressives contre l'ivresse, etc. Mais cela ne suffit pas. Il faut encore moraliser les classes pauvres, leur fournir une alimentation plus réparatrice, et *abaisser de beaucoup l'impôt qui pèse sur le vin*, qui est une boisson de première nécessité.

Imp. N. Serr.

COLLÉGE COMMUNAL DE BOULOGNE-SUR-MER

COURS D'HYGIÈNE

Chargé du Cours : M. le Dr A. FILLIETTE

11ᵐᵉ LEÇON

DES BOISSONS AROMATIQUES

Ce sont trois infusions végétales, le *café*, le *thé* et le *chocolat*, qui renferment chacune un principe azoté, nutritif, la *caféine*, la *théine* et la *théobromine*, lesquelles ont une composition à peu près identique.

Du café :

C'est la graine d'un arbrisseau de l'Arabie, le *caféier* (famille des rubiacées). Non torréfiée, sa saveur et son odeur sont herbacées ; sous l'action du feu, il se développe un principe amer et aromatique.

Il faut le faire *infuser* et non *bouillir* aussitôt après qu'il a été *moulu*. Préparé depuis la veille, il perd de son arôme et de sa bonté. — Lorsqu'on le boit chaud, il donne à l'estomac une sensation de bien-être qui se répand dans toute l'économie. — Froid, il n'a pas les mêmes effets. C'est une boisson *intellectuelle* qui stimule le cerveau et vivifie les idées. Pris à jeun, il donne des tiraillements d'estomac. — Après les repas, il aide à la digestion et prévient l'ivresse.

Son abus surexcite le système nerveux ; mais à l'inverse des boissons alcooliques, au lieu de dégrader l'esprit, il l'exalte.

Il cause une insomnie qui n'a rien de pénible.

En raison de ses propriétés stimulantes, il ne convient pas aux personnes nerveuses ni aux enfants. Il est au contraire très-utile aux vieillards.

Le *café au lait* est un excellent aliment lorsqu'il est préparé comme il convient, c'est-à-dire avec du lait de bonne qualité, et du café exempt d'une trop forte proportion de *chicorée*, laquelle ne jouit pas des propriétés du **café**.

Du thé :

Ce sont les feuilles d'un arbuste qui croît en Chine et au Japon. Selon le mode de récolte, les procédés de fabrication, etc., on a le thé *noir* ou le thé *vert*. L'infusion de thé stimule l'estomac et facilite la digestion. Elle est faiblement alimentaire. Elle excite les nerfs et épanouit les facultés de l'esprit. Chez certaines personnes elle fait naître un sentiment de défaillance à l'estomac.

Elle peut causer de l'insomnie et amener une sorte d'ivresse.

Le thé noir est moins excitant que le thé vert. Il doit lui être préféré.

L'abus du thé, comme chez les Chinois, débilite l'économie.

Du chocolat :

C'est un mélange de semences de *cacao* torréfiées et pulvérisées avec du sucre et un aromate, vanille ou cannelle.

Il renferme un principe azoté, la *théobromine*, de l'amidon, et un corps gras, le *beurre de cacao*. C'est donc un aliment complet. Préparé à l'eau, il se digère mieux qu'au lait et à la crème.

DU TABAC (famille des *solanées*)

On use du tabac de trois façons :

1° *En feuilles, et mâché :* Au début, il provoque une salivation abondante. Plus tard, l'âcreté de son jus dessèche l'intérieur de la bouche, détériore le goût et attaque l'émail des dents. La salive qui en est imprégnée peut déterminer de sérieux accidents lorsqu'elle est avalée par mégarde.

C'est une habitude que réprouve le bon goût.

2° *En poudre, et prisé :* Il excite les secrétions nasales, et détruit la finesse de l'odorat. Pris avec excès, il communique, surtout aux vieillards et aux gens malpropres, une odeur et un aspect répugnants. C'est à tort qu'on lui attribue la propriété de dissiper les migraines, etc.

3° *Fumé :* Accidents primitifs d'ivresse et d'indigestion qui se dissipent par l'habitude.

La déperdition de la salive peut être une cause d'épuisement.

Dangers des pipes à tuyaux courts.

Action *narcotique* légère sur le cerveau. Chez certaines personnes, il rend l'esprit plus lucide, tandis que chez d'autres il occasionne un état d'apathie et de lourdeur qui ralentit l'action cérébrale.

Il n'y a pas de différence entre les effets de la *pipe*, du *cigare* et de la *cigarette*.

A la longue, il devient un véritable besoin pour chacun des actes de la vie du fumeur. — Le plaisir des yeux est pour beaucoup dans l'action de fumer ; les aveugles ne fument guères.

L'usage immodéré du tabac occasionne des troubles variés de la digestion, de la vue et de l'ouïe. Il affaiblit l'intelligence en émoussant la mémoire et la faculté de l'attention. — D'autre part, il n'est pas rare d'observer chez les vieux fumeurs un cachet de stupeur et d'hébétude. — Les jeunes gens feront donc bien de n'user du tabac qu'avec réserve, d'autant plus que l'habitude des boissons alcooliques est comme son corollaire obligé.

En résumé, il faut blâmer l'abus du tabac et non son usage restreint. Souvent il distrait et repose ; il peut tromper la faim ; il est le compagnon de l'homme solitaire, du soldat au bivac, du marin en pleine mer.

Imp. N. Berr.

COLLÈGE COMMUNAL DE BOULOGNE-SUR-MER

COURS D'HYGIÈNE

Chargé du Cours : M. le Dr A. FILLIETTE

12ᵐᵉ LEÇON

Hygiène des sens :

Les *sens* nous donnent la notion des objets extérieurs. Ils sont au nombre de *cinq* :

1° *Le tact :*

Il s'exerce par l'intermédiaire de la peau. On l'appelle *toucher* quand il est *volontaire*, et qu'il s'opère à l'aide de la main, qui jouit de mouvements multiples, et dont la paume est munie de *papilles* nerveuses.

Si la couche épidermique qui les recouvre est trop *mince*, la sensation spéciale du tact fait place à une impression de douleur.

Si elle est trop *épaisse* ou *raccornie* par suite de certains travaux manuels ou des progrès de l'âge, le toucher perd sa délicatesse convenable.

L'habitude de manier des objets grossiers, et les brusques variations de température altèrent le toucher.

Les soins habituels de propreté et l'usage des gants contribuent à l'intégrité des fonctions de la main.

La culture et l'habitude perfectionnent le toucher, chez les aveugles par exemple, à un point extraordinaire.

2° *Le goût :*

Il a pour instrument la langue, et pour auxiliaires le palais, les lèvres et la face interne des joues.

L'odorat vient en aide au sens du goût, et complète ses appréciations.

L'état de sécheresse de la bouche fait perdre la saveur aux objets. — Le goût, presque nul à la naissance, se développe avec l'âge. — Il s'affaiblit et se vicie par l'usage du tabac mâché, de la pipe, des alcooliques, des condiments acides ou caustiques, etc. — Il est susceptible de se perfectionner considérablement (dégustateurs de vins).

3° *L'odorat :*

Il s'exerce par la membrane qui tapisse l'intérieur des fosses nasales. Il est émoussé par l'irritation qui résulte d'inflammations répétées (rhumes de cerveau), et de la présence continuelle du tabac à priser.

Les odeurs agissent sur le cerveau. Quand elles sont très-énergiques, elles le stimulent et réveillent son action (ammoniaque, vinaigre, etc., dans les cas de syncope). — L'abus des parfums est nuisible, surtout pour les personnes nerveuses. — Les senteurs de certaines fleurs (lys, tubéreuse, jasmin, etc), peuvent produire des signes d'empoisonnement. — Une même odeur respirée pendant quelques minutes cesse d'être perçue. — Respirée habituellement, on finit par ne plus l'apprécier.

4° *L'ouïe :*

Elle est mise en jeu par l'ébranlement que les vibrations de l'air communiquent à la membrane du *tympan* et au nerf auditif. Un son *très-intense* (détonation de l'artillerie) peut rendre sourd subitement ; mais le plus souvent il n'en résulte qu'un affaiblissement progressif de l'ouïe (ouvriers employés dans certaines industries très-bruyantes). — Une privation prolongée des sons exalte considérablement la sensibilité auditive.

On s'habitue à certains bruits qui sont d'abord insupportables, tels que le frottement de la lime sur les métaux.

Le *rhytme* ou la *cadence*, c'est-à-dire la succession régulière et par intervalles égaux d'un son ou d'un mouvement, gouverne instinctivement et facilite tous les actes de la locomotion : manœuvres des matelots, marche des soldats, travaux du forgeron, etc., etc.

La *musique* inspire tous les sentiments possibles. Elle calme les passions, réveille le courage, éloigne la nostalgie, soulage les maladies nerveuses, et contribue à guérir la folie. — Elle est même un danger pour certaines organisations qu'elle fascine et qu'elle énerve.

5° *La vue :*

Elle est mise en jeu par l'action que les vibrations de l'*éther* déterminent sur la *rétine* et sur le nerf optique.

Les couleurs *rouge* et *violette* fatiguent vite l'œil. — Il n'en est pas de même du *vert* et du *bleu*.

La juxtaposition de deux couleurs *complémentaires* est agréable à la vue. — Une lumière très-vive (éclair pendant la nuit, rayons du soleil regardé en face) peut occasionner une cécité subite.

L'action prolongée d'une lumière assez vive abolit progressivement la vue ; ainsi chez les bijoutiers, les graveurs, qui se servent d'une loupe pour concentrer les rayons lumineux.

La *réverbération* du soleil sur des surfaces blanches (sables d'Afrique, neiges des pays du Nord) cause beaucoup de maladies d'yeux.

Une longue privation de lumière exalte la sensibilité de l'œil.

Les oscillations de la flamme des bougies et des chandelles, l'insuffisance de l'éclairage chez les ouvriers qui travaillent le soir à des ouvrages minutieux, la chaleur et les émanations du gaz, la réflexion de la lumière sur des glaces ou des dorures, ont des inconvénients pour l'organe de la vue qu'elles affaiblissent peu à peu.

Il en est de même de l'usage des lunettes ou de lorgnons portés sans discernement et sans nécessité.

L'habitude de rapprocher trop la tête du papier en lisant ou en écrivant rend *myope*.

La vie au grand air et la vision à distance fortifient la vue (chasseurs, montagnards, etc.)

DE LA VEILLE ET DU SOMMEIL

Le *sommeil* est nécessaire à l'homme. Il lui redonne des forces pour remplacer celles que le travail a usées.

La privation de *sommeil* amène la fièvre, le délire et même la mort.

Les ouvriers qui travaillent *jour et nuit* ne tardent pas à succomber à la fatigue.

Le sommeil de nuit est beaucoup plus tranquille et plus réparateur que celui de jour. — La *sieste* laisse après elle de la pesanteur de tête et de la paresse des sens qui sont lentes à se dissiper.

Le travail de nuit ne vaut pas celui de jour, et fatigue beaucoup plus vite.

Un sommeil trop court affaiblit le corps ; trop prolongé il amène l'obésité et la paresse des sens et de l'esprit.

Le besoin de dormir est d'autant plus impérieux qu'on est plus jeune.

Influence de l'*habitude* sur l'heure du retour du sommeil et sur sa durée.

Six à huit heures de sommeil suffisent d'ordinaire pour un adulte. Tout surcroît de travail en exige davantage.

L'habitude de se lever de bonne heure indique une bonne santé.

TRAVAIL INTELLECTUEL ET MANUEL

Le travail est un *devoir* pour l'homme.

Le travail de l'esprit ne doit pas exclure celui du corps, et réciproquement.

Lorsqu'il est *modéré*, le travail manuel est salutaire à la santé. Lorsqu'il est *exagéré*, il use et vieillit les organes avant le temps.

Le travail intellectuel finit par fatiguer le cerveau et les nerfs. — L'aliénation mentale est plus fréquente chez les savants, les artistes, les poëtes que chez les artisans.

La *variété* dans le travail est une condition de son innocuité. Il faut entremêler l'étude par des exercices corporels, et développer dans les classes ouvrières le goût de l'instruction, de façon à corriger les dommages qui peuvent résulter de la culture excessive de l'intelligence et des rigueurs des professions manuelles.

Imp. N. Berr.

COLLÈGE COMMUNAL DE BOULOGNE-SUR-MER

COURS D'HYGIÈNE

Chargé du Cours : M. le D' A. FILLIETTE

13ᵐᵉ LEÇON

DES EXERCICES CORPORELS.

Prépondérance de la *force musculaire* chez les anciens. — L'invention de la poudre à canon l'avait longtemps fait tomber en discrédit, mais aujourd'hui il y a une réaction en sa faveur.

Les *exercices corporels* comprennent un ensemble de mouvements opérés par la *contraction* des muscles. — Ils ont pour effet d'activer la circulation du sang, d'en élever la température, d'augmenter l'appétit, de favoriser la digestion, en un mot d'accroître la *vitalité générale*.

Les organes se développent en raison de leur fonctionnement (muscles des mollets chez les danseurs, des épaules chez les portefaix, etc.)

Un exercice *modéré* favorise toutes les fonctions du corps, et avive même l'intelligence. (Rousseau, — philosophes péripatéticiens).

Un exercice *excessif* amène graduellement la fatigue, l'épuisement, l'amaigrissement, la fièvre et la mort (animaux *surmenés*).

La *résistance* à la fatigue dépend de la vigueur de la constitution et de la richesse de l'alimentation. Néanmoins un excès de travail fréquemment répété use rapidement le corps. (Athlètes de l'antiquité, — chevaux de poste).

Un exercice *insuffisant* ralentit toutes les fonctions de l'organisme et tend à amener l'obésité. — Différences de constitution chez les personnes oisives, sédentaires, et chez les travailleurs des champs, les facteurs ruraux, etc.

Le *repos* est nécessaire aux organes pour réparer la dépense d'activité nerveuse que l'exercice a occasionnée. —

Son besoin se manifeste plus ou moins rapidement selon les individus et selon leur habitude du travail.

Les principaux exercices sont :

La *marche*. C'est le plus simple et le plus favorable des mouvements. Elle met en jeu simultanément un grand nombre de muscles (membres inférieurs, tronc, membres supérieurs, etc.) — Utilité physique et morale de la promenade.

Le *saut* et la *course* qui développent les muscles et assouplissent les articulations.

La *danse* qui n'a plus l'importance qu'elle avait autrefois (religions primitives, exercices militaires, *danse pyrrhique*). — Elle donne au corps de l'agilité et de la grâce. — Aujourd'hui, dans les fêtes mondaines, elle n'est plus guère qu'une marche rhythmique.

L'*escrime* qui perfectionne les mouvements de la main et de l'avant-bras. Elle développe les muscles des cuisses et des jambes, exerce les yeux à mesurer les distances, et réagit sur les facultés cérébrales en donnant à tout homme le sentiment de ses forces, et en lui communiquant de l'aplomb et de l'assurance.

La *chasse* qui est un exercice complexe. Elle oblige à marcher, courir, sauter; aiguise la vue et l'ouïe; met en jeu l'adresse, la ruse et l'amour-propre. Elle ne convient pas aux tempéraments débiles, en raison des intempéries de l'atmosphère et des épreuves corporelles auxquelles elle expose.

Les vieux chasseurs ont souvent les jambes amaigries par la persistance de la station verticale et le mouvement exagéré.

La *gymnastique* proprement dite, qui exerce tous les muscles par la variété des mouvements et des poses. Elle procure l'agilité, la hardiesse, la présence d'esprit. Elle donne de l'aisance aux attitudes, et des mouvements plus étendus aux membres. — Son utilité pour les jeunes gens des collèges. — Elle ne doit pas en faire des *acrobates* sur le trapèze, mais en exerçant alternativement chaque groupe de muscles et chaque organe, elle doit harmoniser et perfectionner dans chacun la force, l'adresse et le développement.

L'*équitation* qui procure les bienfaits de la promenade au grand air, fortifie les muscles qui doivent lutter pour amortir les chocs des allures du cheval, et qui influe sur le moral par la fierté involontaire que l'on ressent en dominant sa monture.

La maigreur habituelle des postillons dépend surtout de la privation de sommeil, des rigueurs de l'atmosphère, et des abus alcooliques.

La *natation* qui exige le concours d'un grand nombre de muscles qui exécutent des mouvements pour diminuer la pesanteur spécifique du corps et le faire progresser. Le premier résultat est surtout acquis par la distension de la poitrine qui se gonfle d'air. Les individus gras ont besoin de moins d'efforts que les gens maigres.

A cet exercice actif viennent se joindre les effets des *bains froids*.

Des bains froids :

La température des fleuves et des rivières varie de 0° à 28°, selon les climats et les saisons. Elle nous paraît plus basse que celle de l'air, parce que l'eau conduit mieux le calorique, et soustrait celui de notre corps.

La *première impression* des bains est celle du refroidissement : Décoloration de la peau, *chair de poule*, claquement des dents, teinte violacée des lèvres et du visage, engourdissement des doigts, gêne de la respiration et de la parole ; puis arrive la *réaction*, c'est-à-dire que ces phénomènes cessent, et que la chaleur et le bien-être reviennent, mais plus ou moins rapidement selon les personnes, l'état de santé, etc.

Après un certain temps également variable, le malaise et le froid se font de nouveau sentir, et indiquent qu'il est temps de sortir de l'eau.

Effets *consécutifs* des bains froids : Ils fortifient la constitution, rendent la peau moins impressionnable à la chaleur et au froid, donnent de la vigueur aux muscles, augmentent l'appétit, etc., etc.

La *durée* des bains doit dépendre de la température de l'eau, de celle de l'atmosphère, des dispositions individuelles, etc.

Eviter de se baigner avant que la digestion soit achevée (six quarts d'heure ou deux heures après le dernier repas). — Ne pas attendre sur la rive que le corps ait perdu sa chaleur. — Si l'on est en transpiration, ne pas craindre de se jeter en entier dans l'eau, pour éviter les refroidissements partiels.

Des bains de mer :

Ils ont des effets plus énergiques que les bains de rivière.

Dans le Midi, l'eau est plus chaude et on peut y séjourner plus longtemps que dans le Nord. — Sur les côtes de la Manche, la température n'est que de 18° environ. Le refroidissement et la réaction sont donc plus intenses.

La *percussion des flots* fouette le sang, et oblige à une série de mouvements actifs qui renforcent les muscles et entretiennent la chaleur.

Picotements et éruptions diverses à la surface de la peau, dus aux substances que l'eau de mer renferme en dissolution.

Influence tonique de l'atmosphère du littoral. Elle jouit d'une pureté remarquable ; elle est constamment brassée par les vents, et elle est saturée d'humidité saline.

Rarement la durée des bains de mer doit dépasser une 1/2 heure. Souvent elle est beaucoup plus courte.

Préférer les bains à la marée montante.

Le Ministre de l'Instruction publique, des Cultes et des Beaux-Arts,

Vu le programme de leçons élémentaires d'hygiène dans les lycées, proposé par l'Académie de médecine,

ARRÊTE :

Article 1er. — Les élèves des classes de philosophie et de mathématiques spéciales des lycées sont tenus de suivre des leçons élémentaires d'hygiène.

Art. 2. — Cet enseignement, donné autant que possible par le médecin du lycée, est divisé en six leçons, conformément au programme ci-après :

PREMIÈRE LEÇON.

De l'hygiène, son but, ses moyens.

Des agents atmosphériques au point de vue de leur influence sur la santé (air, lumière, chaleur, électricité, sécheresse, humidité, vents).

Altérations principales de l'air (climats, endémies, épidémies).

DEUXIÈME LEÇON.

Des habitations (sol, exposition, ventilation, chauffage, éclairage, propreté). Causes d'insalubrité.

Vêtements : Modifications selon les âges, les saisons, les climats, le temps.

Soins du corps : Cosmétiques, bains de propreté en général.

TROISIÈME LEÇON.

Aliments : Nature et qualités des divers aliments, leur appropriation aux âges, aux tempéraments, aux professions, aux climats ; conditions d'une bonne digestion.

Conserves alimentaires ; altérations et falsifications des aliments ; régime alimentaire.

QUATRIÈME LEÇON

Boissons : Eaux potables et leurs caractères, leurs altérations, moyens de les prévenir et de les corriger. Conservation des eaux potables.

Boissons fermentées : Vin, cidre, bière, spiritueux, liqueurs, café et thé.

CINQUIÈME LEÇON.

Hygiène des sens : Veille et sommeil ; travaux intellectuels et manuels.

SIXIÈME LEÇON.

Exercice et repos ; gymnastique. Exercices spéciaux : natation, équitation, escrime, danse.

Fait à Paris, le 6 mai 1872.

JULES SIMON.

140

www.ingramcontent.com/pod-product-compliance
Lightning Source LLC
LaVergne TN
LVHW020047090426
835510LV00040B/1454